Diccionario fácil de Marketing

DICCIONARIO DE MARKETING

Esta es una amplia recopilación de los términos más frecuentes utilizados por profesionales de márketing que incluye nuevas expresiones de inbound marketing, marketing online e interacción digital en general.

Con seguridad, este diccionario te resultará útil, sea cual sea tu profesión, ya que el márketing se introduce en nuestras vidas en diferentes modos y facetas, por tanto es recomendable tener un glosario en el despacho o en la mesita de noche para echarle un vistazo de vez en cuando.

Incluso si has estudiado márketing, con frecuencia surgen nuevos términos, acrónimos y expresiones derivadas de la irrupción de internet en nuestra vida cotidiana. Así que utilizarás o escucharás muchos de estos términos en más de una ocasión, y este libro resolverá tus dudas de inmediato.

La influencia del márketing ha llegado a nuestras vidas, incluso aunque quieras esconderte, no podrás. Conocer esta nueva terminología es fundamental para el día a día debido a nuestra interacción con las nuevas tecnologías. Ten a mano siempre a tu pequeño aliado.

Ignacio Bernabeu
ignaciobernabeu.com

A

A/B Test
Es un método ciertamente efectivo para efectuar mejoras medibles y científicas en una página web. Consiste en crear dos o más versiones de una misma sección y mostrar cada versión a diferentes audiencias para descubrir cuál obtiene mejor resultado.

Above the fold
Hace referencia a la zona de la página que es visible sin necesidad de hacer scroll, logrando por tanto el primer impacto visual.

Administrador de contenido
Aplicación que gestiona los diferentes contenidos de una página web. También conocida como CMS (Content Management System).

Ad network o redes de display
Servicios publicitarios masivos, entre los que destaca Google, cuya actividad comercial es vender espacios para publicidad digital en millones de páginas web.

AdSense.
Servicio publicitario de Google que permite a editores y bloggers monetizar sus sitios webs, gracias a la publicación de anuncios.

Ad tracking
Seguimiento de una o varias campañas publicitarias en Internet.

AdWords. Servicio publicitario de Google que permite posicionar anuncios en el buscador, que serán mostrados cuando el usuario busque determinadas palabras clave (keywords).

AIDA
Modelo convencional de marketing que consiste en crear mensajes basándose en cuatro fases: atención, interés, deseo y acción. La idea es obtener resultados medibles en cada fase.

Alcance
Es el porcentaje de público objetivo expuesto a un contenido publicitario durante un período de tiempo. De ahí se extraen otras métricas relacionadas el resultado de la campaña.

Análisis de agrupamiento
Procedimiento estadístico en donde personas u objetos son agrupados de acuerdo a características en común.

Analítica web
Conjunto de ciencias y técnicas aplicadas a una página web para conocer el comportamiento de los usuarios dentro del sitio. Se pueden obtener visitantes totales, visitantes únicos, visitas por página, procedencia de las visitas, tiempo medio de permanencia en el sitio, porcentaje de rebote, etc. Google Analytics ofrece información relevante en este aspecto.

Anchor text (Textos "gancho" en SEO)
Son las palabras que forman el texto visible en los resultados de un navegador e indican el contenido de la página.

ANOVA (*Análisis de Varianza*)
Método estadístico para determinar la similitud o diferencias entre dos o más grupos de datos.

Antimarketing selectivo
Estrategia de desmotivar la demanda de determinados sectores.

API
Interfaz de comunicación entre distintos componentes de software.

Asociación de marca
Asociación en el imaginario individual o colectivo de una marca en particular a una categoría general de productos.

Atención al cliente
Conjunto de acciones llevadas a cabo por una empresa para que sus clientes pasen de la satisfacción de su primera compra a la fidelización.

Auditoría de Marketing
Análisis independiente de todo lo concerniente al Marketing en una organización, para determinar y recomendar un plan de acción que mejore los resultados actuales.

Awareness. Fase por la que pasa el consumidor antes de la compra. El futuro comprador empieza a estar alerta sobre las menciones que se producen sobre el servicio o producto que le empieza a interesar.

B

Back-end
Hace referencia a los elementos y funcionalidades que administran la operativa de un sistema. Incluye tecnología y también procesos de logística.

Barrera de entrada
Son los obstáculos que encuentra una empresa cuando pretende ingresar en un mercado.

Bartering
Intercambio de productos entre empresas sin necesidad de mediar dinero.

Base de Datos
Formato o soporte en el que una organización guarda información relativa a clientes, proveedores y otros individuos o organizaciones de interés.

Basic consumer benefit
Es el principal beneficio que ofrece un producto al consumidor. Fundamenta la promesa al cliente, por eso debe decidirse con acierto y responder a la expectativa creada.

Beacon (también denominado tracking pixel o gid de 1x1)
Aviso publicitario que ocupa un espacio dentro de una página web en internet, generalmente en forma rectangular.

Behavioral marketing
Marketing de segmentación, basado en el comportamiento del usuario.

Benchmarking
Averiguar cómo gestionan las empresas punteras determinadas actividades, y copiar estos procedimientos adaptándolos a nuestra organización.

Beneficio del producto
Un atributo del producto que proporciona una satisfacción específica a los clientes.

Big data
Recopilación de una gran cantidad de datos con el objetivo de encontrar patrones repetitivos dentro de los mismos. El big data tiene diversas aplicaciones científicas. En lo relativo al Marketing digital la información proviene principalmente de webs y redes sociales.

Black Hat SEO.
Técnicas de SEO no aprobadas por Google que permiten mejorar el posicionamiento de forma más rápida. Son técnicas penalizables por Google.

Blind product test
Test ciego, prueba ciega.

Blue-bird
Venta no esperada.

Bookmarking
Almacenamiento de una página web de forma que puede ser revisada más adelante, a través de una funcionalidad del navegador.

Brainstorming.
La lluvia de ideas es una técnica de grupo para generar ideas originales en un ambiente relajado.

Brand
Marca.

Brand alliance
Acuerdo entre marcas complementarias con el fin de reforzar su imagen y la percepción de su calidad en un mercado.

Brand Asset Valuator (*BAV*)
Un sistema que mide el posicionamiento de las marcas. Postula que las marcas se desarrollan en la mente del consumidor siguiendo las siguientes etapas: diferenciación, relevancia, estima y conocimiento.

Brand awareness
Ejercicio de memoria o conciencia de marca.

Brand choice
Decisión que toma el comprador ante distintas alternativas de marca consideradas.

Brand identity
Identidad que hace única y singular a la marca, y la diferencia de las demás.

Brand image
Representación mental de los atributos y beneficios percibidos por el producto o marca.

Brand manager
Jefe de Marca.

Brand positioning
Posicionamiento de la marca.

Branded Content
Generar contenidos vinculados a una marca que permitan vincular dicha marca con el consumidor.

Branding
Término que expresa el posicionamiento de una marca, producto o empresa en el mercado. Es el elemento que fijamos en el imaginario y que los hace diferentes.

Briefing
Documento que aporta información ordenada, estratégica y creativa de los datos que permitirán definir los objetivos.

Business plan
Documento guía de una empresa que refleja los detalles de su estrategia económica y de explotación.

Business Intelligence
Concepto referido a la capacidad de acceder, analizar y compartir información de manera autónoma. Cuando se amplía con Internet a clientes, socios y proveedores, de denomina *e-Business Intelligence*.

Buyback arrangement
Acuerdo de recompra.

Buying behaviour
Comportamiento ante la compra.

Buying service
Central de compras.

Buying signals
Señales de compra.

Buzz marketing
Utilización del rumor para propagar opiniones favorables de un producto o empresa.

B2A. Business to Administration.
Relaciones entre empresas privadas y administraciones públicas.

B2B. Business to Business.
Modelo de negocio entre dos empresas.

B2C. Business to Consumer.
Modelo de negocio entre una empresa y el usuario particular. Se suele utilizar como la estrategia de las organizaciones para llegar directamente a los clientes o consumidores finales.

B2E. Business to Employee.
Término que hace referencia a las relaciones comerciales que se establecen entre una compañía y sus empleados. Estrategias que mejoran el sentido de "comunidad" dentro de la empresa.

C

CAME
Matriz para resolver la información que se extrae de la matriz DAFO: Corregir debilidades, Afrontar amenazas, Mantener fortalezas y Explotar oportunidades. La Matriz CAME se puede completar con el DAFO cruzado.

CPC (Coste por click)
El modelo de coste por click, también conocido como pago por click (PPC), implica que sólo se paga por el número de clicks que se hacen en un anuncio que habitualmente redirigen el tráfico hacia una landing page en la que se cierra el ciclo de conversión.

CPM (Coste por mil impresiones)
Indica el valor que se da a cada 1000 impresiones para un determinado banner.

CPL (Coste por lead)
Indica el valor de la conversión de un usuario en lead, es decir, en un prospecto que tendremos en nuestra base de datos.

CPA (Coste por adquisición)
Coste que se paga por una venta realizada. Obviamente es muy interesante para el anunciante, ya que sólo se paga por cada acción convertida de un usuario o prospecto.

CPI (Coste por instalación)
Hace referencia al pago variable por instalación de un software, juego, aplicación etc. descargada e instalada en un ordenador, tableta o Smartphone.

CRM (Customer Relationship Management)
Software de gestión de apoyo a la venta. Almacena información sobre los clientes, automatiza tareas y procesa los datos para seguimiento de las campañas de marketing y de las acciones comerciales realizadas.

CRO (Conversion Rate Optimization)
Optimización de una web, blog, landing page o mircrosite para mejorar las ventas o la adquisición de leads.

CTA (Call to action)
Herramienta o estrategia de comunicación publicitaria que busca incitar al usuario a realizar una acción

Comisión (*Fee/Commission*)
Retribución percibida por los vendedores consistente en un porcentaje determinado sobre las ventas efectuadas. También se suele utilizar como mensualidad a percibir por la prestación de un servicio.

Copy. (CopyWritter)
Profesional dedicado a la creación de textos optimizados para distintos formatos.

Canal de distribución *(Distribution chanel)*
Medio utilizado para hacer llegar los productos hasta su consumidor último.

Canal directo
La empresa comercializa directamente en el mercado sus productos o servicios.

Canal indirecto
La empresa comercializa indirectamente en el mercado sus productos o servicios.

Canal corto *(Short chanel)*
Canal de distribución formado por un solo intermediario entre el fabricante de un producto y el consumidor y usuarios.

Canal largo *(Long chanel)*
Canal que está formado por distintos tramos o intermediarios -mayoristas, minoristas, detallistas- entre el fabricante y el consumidor último.

Canvas (Modelo)
El Modelo Canvas es una matriz utilizada como herramienta para definir y crear modelos de negocio innovadores que simplifica cuatro grandes áreas: clientes, oferta, infraestructura y viabilidad económica en un recuadro con 9 divisiones.

Diccionario fácil de Marketing

Cartera de productos
Es el conjunto de productos que vende una Empresa.

Carterización
Asignación de los recursos humanos y financieros, así como los canales de venta más propicios, a los segmentos de clientes adecuados.

Category Killer
Posicionamiento como líder de mercado en un solo producto con lo que se puede permitir ofrece grandes descuentos a clientes.

Central de medios (*Media - buying service*)
Empresa encargada de la compra masiva de los espacios y los tiempos publicitarios, para venderlos a las agencias o anunciantes como un servicio de planificación de medios.

Churn rate
Tasa de pérdida de clientes.

Cliductos
Término acuñado por Joan Boluda (Boluda.com) que busca un equilibrio de riesgo/rentabilidad en la cartera de clientes y portafolio de productos.

Cliente fiel
Es aquel que repite regularmente en el proceso de compra, recomienda, tolera alguna deficiencia y antepone su satisfacción global a fallos ocasionales.

Cliente potencial
Aquel cliente que creemos que se puede convertir en comprador de nuestro producto o servicio.

Cliente vacilante (*Vacilating Customer*)
Cliente incapaz de tomar una decisión de compra.

Cloaking
Práctica fraudulenta de SEO que muestra un contenido a los buscadores y otro a los usuarios a través de páginas espejo.

Cloud Computing
Servicios e-business a empresas y a particulares a través de Internet. La nube permite el empleo de aplicaciones en la Red, sin necesidad de disponer de una estructura física.

Clustering
Generación de segmentos.

CLV (Customer Lifetime Value)
Principio de marketing de visión a largo plazo que toma en consideración el valor de un cliente en la relación que mantiene con la compañía a lo largo del tiempo.

CMS
Acrónimo de Content Manager System. Este sistema de gestión de contenidos permite un mantenimiento sencillo y rápido de los sitios. Facilita la creación, clasificación, publicación y edición de textos, imágenes y vídeos. Los CMS más populares son Wordpress, Joomla, Drupal y Blogger.

Cobertura (*Coverage*)
En publicidad, porcentaje (o valores absolutos) de personas del Público Objetivo alcanzadas por un medio, soporte o combinación de ellos, por lo menos una vez, a lo largo de una campaña.

Cobertura de mercado
Es la extensión hasta la cual un proveedor alcanza clientes potenciales en un área.

Cobranding
Asociación de empresas para explotar conjuntamente un negocio o complementar productos.

Commodity
Producto que no puede ser diferenciado significativamente de los de la competencia. En esta categoría caen los productos naturales como el pan, las verduras o frutas.

Competitive advantage (*Ventaja competitiva*)
Diferencia positiva de los recursos, capacidades y productos propios respecto de los de la competencia.

Componente estratégico
Un componente es estratégico si contribuye decisivamente en los atributos diferenciadores del producto.

Competencia (*Competence*)
Empresas que aspiran conseguir el máximo de clientes en el mismo mercado.

Competencia desleal (*Unfair competition*)
Cualquier acción de competencia que es contraria a las normas y a los buenos usos mercantiles y del mercado.

Community Manager
Profesional encargado de gestionar, construir y moderar comunidades online sobre plataformas sociales, en torno a una marca u organización en la Red.

Contramarketing
La tarea de tratar de destruir la demanda de un producto.

Control de calidad
Conjunto de técnicas para verificar los requisitos relativos a la calidad del producto o servicio.

Conversión
Acción que realiza un usuario o cliente y que significa la consumación del objetivo de marketing inicialmente proyectado. (venta, pedido, registro, suscripción...)

Cookies
Pequeños archivos que se instalan en el navegador y envían información de ida y vuelta entre el computador y los sitios web visitados.

Coste (*Cost*)
Gasto originado por el consumo o la utilización de un bien o servicio.

Coste por contacto
Es el coste que supone alcanzar a una persona a través de los medios o los soportes de comunicación. Para su cálculo se divide el precio del medio o soporte por la audiencia alcanzada y se expresa en miles.

Couponing
Modelo de negocio ecommerce basado en las compras colectivas y los cupones de descuento online. Basan su modelo de negocio en la ventas grupales, como Groupon, Groupalia o Lets Bonus.

Cross selling
Venta de artículos relacionados con el producto como complementos, accesorios, compras con intereses relacionados, etc.

Crowdsourcing
Modelo que integra al consumidor en el desarrollo de producto, creación de contenido o toma de decisiones, aportando ideas y valor a la empresa. Al sentirse partícipe del proyecto se genera un vínculo emocional con la empresa.

Crowdfunding
El micromecenazgo, crowdfunding o financiación colectiva, es un mecanismo colaborativo de financiación de proyectos.

Cuota de mercado
La parte del porcentaje que tiene una empresa del mercado total.

Curación de contenidos
Labor consistente en buscar, encontrar, filtrar y seleccionar contenidos e informaciones de interés y relevantes, para distribuirlos entre el público objetivo. El content curator (curador de contenidos) es el profesional que se encarga de efectuar este trabajo.

Customer equity
Concepto que representa la suma del valor de la vida comercial de todos los clientes actuales y potenciales.

Customer manager
Responsable del cliente actual y potencial con la tarea de diseñar, a partir de él, una estrategia comercial adecuada.

Customer-service team
Equipo de atención al cliente.

C2C (Consumer-to-consumer)
Comercio que se desarrolla entre particulares. Transacciones entre internautas.

D

DAFO

Matriz que permite ordenar la información procedente de un análisis externo e interno y que consta de cuatro apartados: Debilidades, Amenazas, Fortalezas y Oportunidades.

Data analyst
Analista de datos

Data base (*Base de datos*)
Conjunto de datos guardados y disponibles para ser consultados.

Data warehouse
Conjunto de datos orientados a temas específicos, integrados, que varían en el tiempo, para apoyar el proceso de toma de decisiones de la dirección.

Database administrator (*Administrador de bases de datos*)
Responsable de asegurarse que la base de datos sea lo más completa posible, con los datos necesarios, de optimizarla, de crear respaldos y de importar y exportar datos.

Database marketing
Uso de la automatización de la información de los clientes y prospectos para generar la mayor tasa de respuesta.

Deep Learning
Proceso evolucionado de Machine Learning usando una red neuronal artificial con en el que la red aprende algo simple y la va transformando por niveles en información más compleja.

Demanda irregular
Estado en el que la demanda se caracteriza por fluctuaciones estacionales o aleatorias.

Demanda latente
Un número importante de personas comparten una necesidad de algo que no existe. Para convertir eficazmente la demanda latente en demanda real se denomina marketing de desarrollo.

Desintermediación
Eliminación progresiva de intermediarios para rentabilizar al máximo la acción comercial.

Detallista
Comerciante que vende al por menor.

Diferenciación de producto
Es una estrategia para distinguir el producto propio de los competidores, con el fin de que parezca único y gozar así de una situación de monopolio.

Distribución exclusiva
Un distribuidor tiene el derecho único para vender un producto de características muy especiales en todas las áreas.

Dispenser
Dispensador.

Distribución (*Distribution*)
Las diferentes actividades relacionadas con el movimiento de los productos desde el fabricante al consumidor o usuario.

Distribución selectiva
Un distribuidor tiene el derecho único para vender un producto en un área o distrito concreto.

Diversificación
Ampliación de las actividades de la Empresa hacia nuevos productos, mercados o Clientes.

Dominio
Es el nombre que identifica un sitio web.

Door to door
Sistema comercial en el que el vendedor visita "puerta a puerta": domicilios, oficinas, tiendas.

DPP (*Direct Product Profit*)
Beneficio Directo del Producto. Método de gestión utilizado por los fabricantes y los distribuidores para identificar la rentabilidad directa de los productos comercializados y servir como soporte a la toma de decisiones sobre la eficiencia de las políticas comerciales en temas referentes a: promociones, surtidos, disposiciones físicas del producto, inversiones, ciclos de vida y otras.

Driver
Factor de la propuesta de negocio que aporta valor añadido al clientes y que es clave en el proceso de segmentación.

Drop Shipping
Se trata de un tipo de ecommerce en la que el vendedor no cuenta con stock de los productos sino que manda directamente las órdenes al distribuidor y es este quien se lo hace llegar al comprador.

Duplicación de audiencia (*Audience duplication*)
Total de personas que forman parte de la audiencia de dos medios o soportes de comunicación al mismo tiempo.

E

Early Adopter Son aquellos consumidores a quienes nuestra propuesta como marca le aporta una solución a un problema, incluso si nuestra solución no es del todo perfecta.

ECRM
Enterprise Customer Relationship Management

Elasticidad de la demanda
La sensibilidad de cambios en la demanda de un producto de acuerdo con pequeños cambios en el precio.

Elasticidad del precio
Situación en la que la variación en el precio de un producto tiene efectos en su demanda. Cuando el precio sube la demanda baja y viceversa.

E-Mailing
Método de marketing directo que emplea el correo electrónico como plataforma de comunicación publicitaria y comercial, para enviar mensajes al público objetivo.

Employer Branding
Técnica empresarial que permite la captación de talento y la retención de capital humano a través de la mejora de la reputación empresarial y una propuesta de valor única para los empleados.

Encuesta (*Survey/Poll*)
Método de investigación ejercido sobre una muestra de la población, para conocer la opinión sobre un determinado tema.

End line
Frase normalmente situada a continuación del logotipo o nombre de marca, que resume los beneficios del producto de una forma ingeniosa y llamativa.

Endorsement advertising
Publicidad testimonial.

Engagement.
Palabra inglesa que puede traducirse como "compromiso". En redes sociales, se define como vínculo emocional entre el usuario y sus fans o seguidores.

Expectativa de compra (*Purchase expectation*)
En el campo de la previsión de ventas son las opiniones sobre lo que se cree que puede comprar un cliente.

Expectativa de venta (*Sale expectation*)
Método utilizado en la previsión de ventas, basado en la opinión de los vendedores, según lo que ellos piensan vender.

Extensión de marca
La utilización de un nombre de marca familiar para los Clientes en una nueva categoría de productos y servicios para la Empresa.

Eye Tracking
Evalúa los diferentes movimientos del ojo al enfrentarse a algún elemento (una web, un producto...) y permite conocer cuáles son los puntos calientes (donde más tiempo se centra la mirada) así como el movimiento del ojo a lo largo del objeto.

F

Face to Face
Sistema comercial en el que el vendedor trabaja con un catálogo de ventas y vende persona a persona.

Fan Page
Página de fans en algunas redes sociales, como Facebook. A diferencia de los perfiles, las fanpages están orientadas a empresas, marcas o personas relevantes y preparadas para desarrollar estrategias de marketing a través de ellas.

Favicon
Icono de una página, pequeña imagen que permite identificarla. Por lo general coincide con el imagotipo, el logotipo o parte de éstos.
Feed: Documento con formato RSS o Atom (basado en XML). Suelen utilizarse en medios digitales en forma de titulares de noticias, generalmente con un resumen del contenido.

Follower
Nombre que reciben los seguidores de una cuenta en la red social.

Freemium
Modelo de negocio en el que la parte básica del producto se ofrece gratuitamente a un gran volumen de clientes, mientras la opción de pago se dirige a los usuarios que desean un servicio más avanzado y completo. Es una contracción de las palabras free (libre) y premium (de pago).

Funnel

También llamado embudo de conversión, se trata de los pasos que van siguiendo los usuarios desde que llegan a la tienda online hasta que finalmente compran. Sirve para encontrar dónde se están perdiendo más ventas, en cuál paso del proceso.

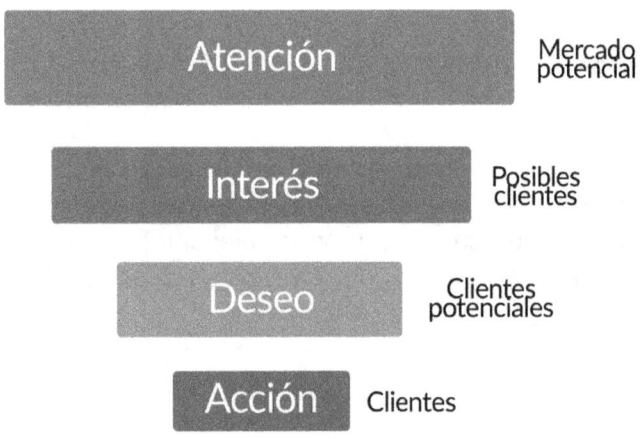

G
Gamificación

Uso de la teoría y mecánica del juego para mejorar los resultados de una tienda online, buscando así "enganchar" a los usuarios.

Generación X

Nacidos entre 1965-1978. Personas que saben trabajar en equipo y fomentan las relaciones laborales de confianza. Vivieron la llegada de internet a sus vidas así como todo el desarrollo tecnológico posterior. Usan Facebook como red social preferida y YouTube GooglePlus y Twitter en un segundo plano. Es destacable la baja utilización de Instagram en este segmento que contrasta con su uso, mucho mayor, para los Millennials.

Generación Y (Millenials)
Generación referente a los nacidos entre el año 1981 y 1995, jóvenes entre 20 y 35 años. En Latinoamérica un 30 % de la población es Millennial. Son la futura generación de consumidores y usuarios, un mercado sustancial con nuevas características, necesidades y demandas que conviene conocer por las repercusiones y transformaciones que exigirá a las empresas. Prefieren a las empresas activas en Social Media, son altamente sociales en sus procesos de compra que suelen compartir en sus redes sociales. Es una generación muy visual por lo que les gustan las redes donde se priorizan las imágenes. El móvil es una absoluta prioridad así como tener conexión continua a internet.

Generación Z
Nació entre 1995 y 2015 . Son autodidactas, todavía no se han incorporado al mercado laboral.
Buscan trabajos flexibles, a distancia y que les permita desempeñarse en varias actividades a la vez. Su vida gira en torno a la tecnología. Estudian y leen online y recurren a YouTube para sus trabajos de clase.
Es difícil captar su atención y les encantan las redes sociales, un 81% las usa, pero huyen de aquellas donde se encuentran con sus progenitores, por lo que Facebook está cayendo en picado en este segmento generacional bajando del 42% de 2012 al 23% del 2013.
Casi la totalidad de ellos entran en Youtube semanalmente y muchos de ellos varias veces al día.

Geomarketing

Práctica que consiste en la unión de elementos geográficos y de marketing y que permite analizar el negocio conociendo la localización exacta de clientes, puntos de venta y competencia, entre otras cosas.

Geotargeting

Estrategia que muestra diferentes contenidos o publicidad según la localización del visitante. Para muchos usuarios, este tipo de marketing resulta intrusivo.

Gestión por categorías

Procedimiento de gestión por el cual los fabricantes y distribuidores clasifican los productos de venta al público en unidades de negocio independientes y que los consumidores entienden como clases de productos relacionados y que, incluso, pueden llegar a ser sustitutivos.

H

Hábitos de compra (*Buying habits*)

Acciones de compra realizadas de una forma repetitiva, siguiendo unas pautas idénticas por parte de los consumidores.

Hiperconectividad

Concepto que sintetiza la situación actual del ser humano en la cual vive conectado permanentemente a la información a través de diferentes dispositivos como la radio, la televisión, internet y el teléfono móvil.

Hosting.

Anglicismo que se emplea para definir un alojamiento web.

Hotlinking. Término indica que alguien está usando un enlace a una imagen que está archivada en otro sitio web en lugar de guardar una copia de la imagen en el sitio web en el que se mostrará la imagen.

Home Page. Página de inicio, principal o de entrada a un sitio web.

HTTP. Hypertext Transfer Protocol
Es el sistema más usual de intercambio de información en la Red. Se trata del método empleado para transferir sitios web a los terminales (ordenadores, tablets, smartphones etc.), es decir, desde los servidores hasta los clientes (navegadores).

HTTPS (Hypertext Transfer Protocol Secure)
Es una combinación del protocolo HTTP y una encriptación de seguridad (SSL) que se emplea para lograr conexiones más seguras, muy útil para transacciones de pagos y otras informaciones sensibles.

I

IDIC (*Identify, Differentiate, Interact, Customize*)
Son los cuatro puntos cardinales sobre los que debe basarse una gestión inteligente de clientes.

Implant
Equipo completo de una compañía dedicado a trabajar para un cliente específico.

Inbound Marketing
Término surgido para dar respuesta a los cambios en el comportamiento de los consumidores. Es una combinación de estrategias de publicación de contenidos orientada a "dirigir" al usuario hacia la web. Es el usuario quien llega a la marca anunciante, y no al revés. Se podría traducir como "marketing de atracción"

Influencer
Persona que lidera la opinión en un sector o área determinada, debido a su autoridad o alcance. Un influencer es, por ejemplo, un prestigioso bloguero al que siguen cientos de personas en su sitio web.

Information anxiety
Ansiedad de información.

Information society
Sociedad de la información.

Innovación
Creación y desarrollo de los productos adecuados para el mercado en los plazos oportunos, utilizando las tecnologías más apropiadas y ofreciendo la mejor calidad posible con los costes más bajos. Implica a todas las áreas de la Empresa. El valor añadido de los productos procede de la tecnología.

Insight
Motivación profunda del consumidor en relación a su comportamiento hacia un sector, marca o producto

Introduction campaign
Campaña de lanzamiento.

Investigación causal
Tipo de investigación de mercados que busca encontrar las causas y efectos del comportamiento del consumidor.

Investigación de mercados
Recolección, análisis, interpretación y reporte de la información requerida para la toma de decisiones del marketing.

Investigación descriptiva
Tipo de investigación donde se busca principalmente encontrar la descripción de algo, como las características del mercado.

Investigación exploratoria
El objetivo primordial de este tipo de investigación es facilitar una mayor penetración y comprensión del problema al que se enfrenta el investigador.

J

Joint-venture
Es el resultado de un compromiso entre dos o más sociedades, cuya finalidad es realizar operaciones complementarias en un negocio determinado.

L

Landing Page (Página de aterrizaje)
Se trata de la página por la que los usuarios a un sitio web, tras haber hecho clic en un enlace o banner.

Layer
Tipo de formato publicitario que consiste en sobreponer un anuncio sobre el contenido de un sitio y flotar por la pantalla.

Lead
Término del marketing tradicional, que está adquiriendo especial importancia en el entorno digital. Define a un contacto que ha mostrado interés por determinado producto o servicio y ha facilitado datos para recibir información o establecer relación comercial.

Lealtad de marca (*Brand loyalty*)
Cualidad referida a los consumidores que repiten normalmente la compra de una misma marca o producto.

Lean (Metodología de crecimiento)
Uso racional de los recursos y sin residuos, para que se utilice sólo lo que sea absolutamente necesario en la realización de un proyecto o proceso.

Line extension
Producto que utiliza la marca de un producto ya existente, y se ofrece como alternativa directa al producto ya existente.

Link Building
Construcción de enlaces. Se trata de uno de los conceptos fundamentales del posicionamiento orgánico o SEO. Persigue aumentar la autoridad y prestigio de un sitio web, gracias a la generación de enlaces entrantes dirigidos a la misma.

Link Juice
Autoridad que transmite una página mediante un link. Google posiciona las páginas web en función de su autoridad y relevancia y esta se transfiere de unas páginas a otras a través de links.

LTV (*Lifetime Value*) Valor del recorrido del cliente.

K

Keyword
Las Keyword o Palabras Clave son preguntas, preguntas que los usuarios formulan y que Google se esfuerza en contestar de la mejor forma posible. Y la forma que Google tiene de contestarlas es ofrecer las páginas más relevantes en los resultados.

Keyword stuffing
Ténica de Black Hat que que consiste en el uso excesivo de palabras clave dentro de un texto con el objetivo mal enfocado de darle más relevancia a esta palabra.

KPI
Acrónimo de Key Perfomance Indicator (Indicador clave de desempeño). Se trata de una métrica que refleja perfectamente la consecución de los objetivos últimos de la organización. Mide el nivel de desempeño de un proceso, centrándose en el "cómo" e indicando el rendimiento.

M

Machine Learning

Disciplina del ámbito de la Inteligencia Artificial que crea sistemas que aprenden automáticamente. Esto quiere decir identificar patrones complejos entre millones de datos. Quien realmente aprende es un algoritmo que revisa los datos y es capaz de predecir comportamientos futuros.

Maintenance Advertising
Campaña de publicidad de mantenimiento.

Marca
Nombre, palabra, símbolo o combinación de ellos que permiten al consumidor reconocer un producto de una forma singular.

Marketing audit
Herramienta que busca detectar áreas con problemas y oportunidades, y mejorar la efectividad del marketing.

Marketing concentrado
Mientras que el marketing diferenciado y no diferenciado implican que se abarca el mercado total, el marketing concentrado es restringir las operaciones a un segmento del mercado. Seleccionamos un mercado y nos concentramos en él con la exclusión del resto del mercado. El tipo o modelo de producto, su precio, publicidad y promoción, canal de distribución y métodos se desarrollan para el segmento.

Marketing de contenidos
Estrategia en la cual una empresa genera y financia contenido periodístico, educativo o recreativo, de alta calidad. De este modo, las compañías captan la atención de su target y de los medios de comunicación para que multipliquen el contenido creado por ellas.

Marketing de guerrilla
Métodos "alternativos e imaginativos" en estrategias de marketing, que pueden ser más económicos o no, cuyo objetivo es destacar y conquistar al cliente.

Marketing directo
Estrategia de marketing en la que la comunicación va directamente al cliente como individuo y es invitado a responder por teléfono, correo, correo electrónico o visita personal.

Marketing indiferenciado
Marketing sin distinción entre tipos de distribuidores o diferentes mercados. No importa a quién vendamos (usuario, tienda, supermercado, mayorista, pequeña fábrica u organización multinacional). La empresa tiene un producto, un nombre, una estructura de precio y un eje publicitario y de promoción.

Marketing individualizado
Marketing que apuesta por la cuota de cliente.

Marketing Internacional
Actividades de marketing diseñadas para facilitar el intercambio de bienes y/o servicios de una empresa en un país extranjero.

Marketing one-to-one
Marketing individualizado, uno a uno. Giro organizacional absoluto hacia el cliente, en detrimento del producto.

Marketing operacional (*Operative marketing/Tactical marketing*) Es un término para designar la acción más visible del marketing, en una acción agresiva a corto plazo, utilizando la publicidad y la promoción de ventas.

Marketing político
Actividades del marketing de las ideas y las opiniones relacionadas con aspectos políticos, públicos o con un candidato en especial.

Marketing social o sin lucro
Diseño, desarrollo y control de las actividades de marketing que buscan promover causas sociales (conservación del ambiente, investigación del cáncer, acciones en países en desarrollo...).

Marketing strategist
Estratega en marketing. Desarrolla el programa con objetivos y metas estratégicas bien definidas y que no sea sólo una herramienta táctica.

Marketing relacional
Actividades de marketing con el objetivo de potenciar las mejores relaciones con el cliente para obtener el máximo provecho para la empresa.

Marketing viral
Transmisión de un mensaje comercial por parte de nuestros clientes o usuarios a otros de manera espontánea.

Marquismo
Asociación a iconos que representan el estatus social del consumidor.

Mass customization
La producción de artículos que, gracias a las nuevas técnicas (peticiones cursadas por Internet, la tecnología digital y la fina adaptación de las máquinas), es posible producir de acuerdo a los diferentes deseos del consumidor.

Mass marketing
Estrategias de marketing dirigidas a un público general no especificado y su medio de transmisión es masivo como el periódico, las revistas, la televisión y la radio, donde cualquiera puede ser receptor del mensaje. Un producto para muchos clientes.

Membership Site
Página web que ofrece un concepto de negocio de pago por membresía. Generalmente ofrece servicios a cambio de una cuota mensual.

Mercado
Conjunto de compradores actuales o potenciales con el deseo y la posibilidad económica para adquirir un producto.

Mercado de consumo
Mercado formado por las personas que adquieren bienes y servicios para uso personal.

Mercado industrial
Mercado formado por las empresas, instituciones y gobierno que adquieren productos para operar o como materia prima.

Mercado libre
Situación en la que el gobierno tiene un involucramiento mínimo en las decisiones de mercado.

Mercado global
Mercado amplio en el que los comportamientos tienden a igualarse, como consecuencia de la intercomunicación cada vez mayor existente entre países.

Mercado objetivo
Una parte del mercado total, con posibilidades de comprar o que sea capaz de comprar un producto.

Merchandising
El Merchandising está formado por todas las acciones de Marketing realizadas en el Punto de Venta. Es el Marketing del último momento. Siendo, en gran medida, el Merchandising diferente a Escaparatismo.

Meta descripción
Es una etiqueta HTML que sirve para proporcionar a los buscadores una descripción del contenido de la página. No es

visible desde el navegador, pero se puede encontrar dentro de la sección <Head> del código de la página.

Meta-Tags
Etiquetas HTML que se incorporan a un sitio web y que resultan de gran utilidad para los motores de búsqueda. Son invisibles para los usuarios de la página y contienen metadatos (información de referencia sobre el site). Son fundamentales en posicionamiento SEO, porque se alimentan de palabras clave estratégicas.

Microblogging
Sistema de comunicación y publicación en Internet, que consiste en enviar mensajes breves de texto (140 caracteres máximo), para expresar lo que se hace o piensa en un momento determinado. Twitter es la red paradigmática de este fenómeno.

Misión
Es el carácter, identidad y razón fundamental de existir de una organización. Es la respuesta a la pregunta: con qué intención hemos creado una Empresa.

Mobile Marketing.
Conjunto de técnicas destinadas a diseñar, implementar y ejecutar acciones de marketing a través de dispositivos electrónicos móviles. El auge de la telefonía móvil y de sus capacidades ha propiciado el nacimiento de esta nueva vertiente del marketing.

Motivación
Proceso por el que el individuo inicia una acción para lograr algo, activado por los instintos, los impulsos y los incentivos.

Moving average (*Media móvil*)
Media utilizada en estadística para reducir el impacto de las variaciones estacionales o de otro tipo. Sus datos se renuevan periódicamente añadiéndose los nuevos valores y eliminándose los antiguos.

Muestra
Personas de un universo que, por estar aleatoriamente seleccionadas, son representativas del total.

Muestra gratis *(Sampling)*
Muestra de producto que es distribuida gratuitamente al consumidor con el fin de que lo pruebe.

Multinivel
Sistema comercial que se basa en la venta y en la formación de una red de distribuidores.

Mysterious shopper
Persona anónima que pasa por cliente en un proceso de compra, para elaborar posteriormente un informe más o menos extenso sobre la experiencia de compra..

N

Neuromarketing. Técnica especializada en investigación de marketing, que utiliza mediciones biométricas para analizar los efectos que la publicidad y otras acciones de comunicación provocan en el cerebro humano.

Nichos
Los nichos son características específicas de los productos y servicios que son demandadas por clientes, aunque estos pertenezcan a distintos segmentos de población.

O

Obsolescencia
Situación de los productos anticuados, inadecuados a las circunstancias actuales o ya no son utilizados por los consumidores.

Oligopolio
Situación de mercado en donde algunas empresas grandes de cierto producto, dominan el mercado.

One-to-one marketing
Estrategias de marketing de relación individual. Su estilo es orientado al cliente.

Open Source
Se refiere al software distribuido y desarrollado de una manera libre. Entre los principales softwares encontramos Ubuntu, Android, Firefox y las plataformas ecommerce Magento, Prestashop, osCommerce...

OPT-IN
Acción de notificarle a una empresa u organización que se desea recibir vía e-mail la información que vayan generando. Desde la perspectiva del marketing de una empresa es muy importante arbitrar mecanismos que permitan la verificación de las direcciones de e-mail. Son aquellas listas de distribución en la que todos sus suscriptores lo son por propia voluntad y tienen la posibilidad de darse de baja cuando lo deseen.

Orden de inserción (*Insertion order*)
Documento enviado al soporte (periódico, emisora de radio cadena de televisión,...), junto con el material necesario para su reproducción, en donde marca los detalles para su publicación o emisión: las fechas elegidas, espacio o tiempo y

medida o duración,...

Order card (*Tarjeta de pedido*)
Impreso en forma de tarjeta de respuesta comercial.

Order form (*Impreso de pedido*)
Documento o formulario donde el cliente o el vendedor formaliza el pedido.

Overlay
Anuncio publicitario que aparece superpuesto a un contenido audiovisual.

P

PPC. Pay per Clic. Sistema de tarificación de publicidad online, consistente en pagar al anunciante por cada clic que se implementa en sus anuncios.
PPL. Pay per Lead. Mecanismo de pago, que consiste en abonar por cada
lead que se genera. Podría englobarse dentro del CPA (Coste por acción).

Panel
Grupo de personas seleccionadas generalmente representativas, con el objeto de responder regularmente a una encuesta.

Page Rank: Valor numérico con el que Google califica a las páginas y plataformas web, incluidas las redes sociales, representando la calidad y relevancia del sitio web.

Pago a plazos
El comprador recibe un crédito para comprar una mercancía y lo devuelve en una serie de plazos en diferentes periodos de tiempo según el acuerdo establecido.

Participación del cliente
Porcentaje de compras que el cliente realiza de un determinado proveedor, dentro de una categoría específica de productos.

Participación del mercado
Porcentaje que se vende del producto de una compañía del total de productos similares que se vende en un mercado específico.

Party plan
Reunión en un domicilio particular, donde el ama de casa congrega a sus amigas y conocidas para que la representante de ventas exponga las bondades de sus productos.

Pedido
Encargo que el comprador hace al vendedor para que este le proporcione un determinado bien o servicio.

Penetración
Porcentaje de consumidores (respecto al universo) que consumen una marca como mínimo una vez al año.

Penetración del mercado
Es el grado hasta el cual una empresa ha establecido conexiones activas en un canal de distribución.

Percepción
Proceso cognitivo en el cual las personas seleccionan, organizan e interpretan estímulos del medio ambiente exterior

(publicidad) o de fuentes internas (necesidades).

Personalizar
Tratar de forma diferente a clientes diferentes para elevar su nivel de vinculación y lealtad con la empresa.

PHP (Hypertext Pre-processor)
Lenguaje de programación libre multiplataforma interpretado y diseñado para la creación de páginas web dinámicas.

Planificación
Es el proceso de reflexión, análisis y decisión, cuyo fin básico es la aproximación de la Empresa hacia el futuro deseado en un entorno incierto y habitualmente hostil.

Planificación estratégica
Determinación de los objetivos de las Empresas a largo plazo y la elección de los medios y caminos necesarios para lograrlos.

Plan de acción (o *Programa de actuación*)
Es un conjunto de tareas organizadas que deben ser ejecutadas con los recursos disponibles y potenciales, para la consecución de los objetivos fijados.

Plan de comunicación
Propuesta de acciones de comunicación en base a unos datos, objetivos y presupuesto. Dicho Plan es una rama del Plan de Marketing de la Empresa.

Plan de gestión
Plan de gestión es aquel que concreta las decisiones estratégicas en planes operativos para cada área, desarrollándose básicamente a corto plazo.

Plan de marketing (*Marketing plan*)
Un Plan de Marketing es un documento de trabajo escrito, ordenado y estructurado, anual y periódico, que combina con precisión los elementos del Marketing Mix, para una determinada línea de productos, un producto, marca o mercados principales.

Plan de medios (*Media plan*)
Un Plan de Medios es una parte del Plan de Publicidad (desarrollado en base a objetivos de Marketing) que tiene como fin la exposición cuantificable y medible del alcance, frecuencia y presupuesto de una Campaña Publicitaria, delimitado a cierto periodo de tiempo.

Plan de negocios
Es una guía para la construcción de una compañía que contiene la misión, las oportunidades identificadas, los objetivos, las estrategias, los planes de acción y las medidas de control y evaluación.

Planificación (*Planning*)
Programa operativo que engloba objetivos estratégicos a largo plazo y objetivos más inmediatos y locales y cuya ejecución se ha de dar, generalmente, en el transcurso de un ejercicio dado.

Plug in
Se trata de los complementos instalables que permiten desarrollar funciones extra. Son muy comunes en los navegadores y en los gestores de contenido para poder introducir aplicaciones de terceros así como para interconectar con sistemas externos.

Podcast
Un podcast es una pieza de audio con una periodicidad definida y vocación de continuidad que se puede descargar en internet. El uso del podcast en una estrategia de marketing

online aunque no está generalizado, es de esperar que se incremente exponencialmente, sobre todo por la utilización masiva de los teléfonos móviles como medio habitual de acceso a internet.

POP (*Promotion On Purchase*)
Material utilizado para promover productos/servicios en el punto de ventas (carteles, banderas,...)

Porcentaje de rebote
Se refiere al porcentaje de personas que abandonan una página web después de haberla visto. Una página con este porcentaje elevado no está cumpliendo su misión. Comparar las páginas que tienen alto rebote, con las que tienen bajo rebote, es una gran forma de descubrir qué le gusta al público objetivo y qué no le agrada tanto.

Portal
Lugar de entrada en Internet a una amplia oferta de contenido y servicios.

Positioning (*Posicionamiento*)
El posicionamiento es el lugar que ocupa la marca de la empresa en la mente de los consumidores en función de una serie de atributos del producto o con relación a otros productos de la competencia.

Potential customer (*Cliente potencial*)
El que por sus características demográficas o socioeconómicas, comportamientos y/o necesidades puede considerarse como posible comprador de los productos ofertados o usuario de los servicios suministrados.

Precio
Valor monetario convenido entre el vendedor y el comprador en un intercambio de venta. Es una de las 4 P's del marketing.

Precio en base a la competencia
Estrategia en donde una compañía establece sus precios basándose en lo que los competidores están cobrando por sus productos o servicios.

Premium. Adjetivo que sirve para calificar un servicio, aplicación o producto con características especiales, de calidad superior o de pago.

Pretest
Prueba preliminar al lanzamiento definitivo de un producto.

Pretest publicitario (*Advertising pretest*)
Prueba previa de un mensaje o pieza publicitaria antes de que aparezca en los medios masivos.

Previsión de mercado
Previsión de las ventas totales de un producto que se pueden hacer en un mercado por todos los competidores.

Previsión de ventas
Estimación, en volumen o valor, de las ventas de un producto para un periodo futuro dado, utilizando un Plan de Marketing específico y bajo un grupo asumido de circunstancias económicas.

Price-driven costing
Método para determinar el coste de un producto o servicio basado en el precio (*target price*) que el mercado está dispuesto a aceptar.

Price war
Guerra de precios. Intento por parte de un competidor de eliminar a la competencia, reduciendo sensiblemente los precios del producto.

Product class
Categoría de producto.

Product differentiation
Diferenciación de producto.

Product identification
Identificación de producto.

Product life cycle
Ciclo de vida de un producto.

Product line
Línea o gama de producto. Conjunto de todos los productos que se comercializan bajo un solo nombre de marca.

Product manager
Responsable del diseño y lanzamiento de nuevos productos y servicios al mercado sobre el que apoyar el futuro crecimiento de las empresas.

Product mix
Conjunto de productos que una empresa fabrica o distribuye.

Product-plus
Elemento de un producto o de su presentación que le confiere una ventaja sobre sus competidores, o así lo perciben los consumidores.

Product portfolio
Conjunto de productos fabricados por una misma compañía.

Product position
Lugar que ocupa un producto en la mente del consumidor frente a las marcas competidoras.

Product profile
Conjunto de atributos, características, prestaciones y usos que distinguen a un producto.

Product relaunching
Nuevo impulso promocional a un producto ya lanzado anteriormente al mercado, bien porque su éxito ha sido inferior al previsto, o bien porque se desea alargar la vida del producto.

Product research
Investigación de producto.

Production house
Productora de cine, productora de spots publicitarios.

Producto de consumo
Producto adquirido por el consumidor final para su uso personal.

Producto de conveniencia
Producto de consumo comprado frecuentemente y sin invertir mucho tiempo y esfuerzo a la compra.

Producto de especialidad
Producto por el cual el consumidor siente mucha preferencia y está dispuesto a buscarlo haciendo un esfuerzo y comprar el que mejor se adapte a sus necesidades.

Producto industrial
Bienes y servicios adquiridos por compradores industriales para usarlos en sus procesos productivos, incorporarlos a sus productos o para su operación como negocio. Pueden ser clasificados en equipo, materia prima y servicios.

Producto sustitutivo
Producto difícil de identificar porque no siempre aparece como competencia de los productos de una empresa competidora. Es un producto o servicio diferente que proporciona al cliente la misma satisfacción.

Programa de actuación *(o Plan de acción)*
Es un conjunto de tareas organizadas que deben ser ejecutadas con los recursos disponibles y potenciales, para la consecución de los objetivos fijados.

Project finance
Financiación del proyecto.

Proposición única de venta (*Unique selling proposition*)
Concepto relacionado con una característica diferencial de un producto en cual se basa la estrategia publicitaria.

Prospectar
Buscar e identificar clientes calificados, determinar quiénes son y confirmar que tienen una necesidad y un interés inicial por nuestros productos o servicios.

Prospecto
Comprador potencial.

Prosumer
Consumidor productor. Aquel que consume los productos y colabora en el desarrollo de los mismos o conceptos que se puedan relacionar con ellos, como podrían ser contenidos.

Prototipo (*Prototype*)
Maqueta o primer producto de una serie de ellos, lanzados restringidamente al mercado para observar sus posibilidades de comercialización posterior a gran escala.

Público objetivo (*Target group*)
Conjunto de personas destinatarias de las diversas acciones de las empresas, tanto actividades de marketing como de comercialización, elegidas en función de ciertas características comunes de tipo sociodemográfico, socioeconómico y/o psicográfico.

Publicity
Práctica de crear y difundir información acerca de la compañía, sus productos, servicios o sus actividades corporativas para asegurar noticias favorables en los medios de comunicación de manera gratuita.

Pull strategy
Estrategia de atracción, en la que se utiliza la publicidad como método de generación de demanda.

Punto de equilibrio
En función de un conjunto de reglas llevadas a cabo por la Empresa se garantiza su permanencia evitando problemas.

Push strategy
Estrategia de empuje, en la que la fuerza de ventas pacta con el distribuidor la comercialización de los productos o servicios.

Q

Qualitative research Investigación cualitativa.

Quality assurance tester
Departamento de aseguramiento de calidad.

Quality market
Mercado en el que la calidad es más importante que el precio.

Quantitative research
Investigación cuantitativa o numérica.

Questionnaire
Cuestionario. Lista de preguntas en un test o encuesta.

Quickie
Spot de corta duración. Cortometraje.

R

Rappel (*Deferred rebate*)
Bonificación que se concede cuando se sobrepasa un determinado volumen de compras en un tiempo fijado de antemano.

Reason-why
Explicación racional del cómo o el porqué un producto responderá a los atributos o afirmaciones que de él se efectúan. Argumentación.

Recorrido de inspección
Inspección física de los sitios del mercado para confirmar colocaciones contratadas.

Recorrido de ventas
Recorrido físico de los sitios para selección previa a la venta, o para verificar instalaciones contratadas.

Redención
Canje de los cupones de descuento en una compra.

Registered mark o trademark
Marca registrada o patentada.

Relaciones Públicas *(Public relations)*
Forma concreta de comunicación que desarrolla una actividad encaminada a establecer y mantener unas relaciones de confianza con los públicos de la empresa u organización que las desarrolla.

Relaunch
Relanzamiento, reintroducción.

Remake
Versión nueva.

Remarketing
Actividad del marketing consistente en revitalizar la demanda débil de un producto, bien modificando las características del mismo, bien dirigiéndolo a otros segmentos, o bien practicando una comunicación más efectiva.

Reminder advertising
Publicidad recordatoria.

Remuneración de las agencias de publicidad *(Advertising agency compensation)*
Forma de pago que el anunciante hace a su agencia de publicidad por la prestación de sus servicios.

Repertory grid
Forma de investigación cualitativa para la obtención de información sobre las actitudes de las personas.

Reply card
Tarjeta postal con respuesta pagada.

Reply coupon
Cupón respuesta.

Reposicionamiento
Estrategia que busca cambiar la percepción que tiene el mercado de un producto.

Reputación online
Reflejo del prestigio de una persona o una marca en en Internet. La reputación online afecta, por tanto, a la buena o mala imagen de un individuo u organización, por lo que una correcta gestión resulta imprescindible.

RSS
Sofware que permite recibir actualizaciones de sitios web vía correo electrónico o a través de agregadores como FeedReader. De esta forma, los usuarios pueden estar al día sobre lo que publican sus páginas favoritas sin necesidad de visitarlas. Es preciso que el servicio esté disponible en el sitio en cuestión y que los lectores dispongan, en su caso, del oportuno lector RSS.

Research
Investigación, encuesta, estudio. Departamento de investigación.

Responsive Web Design
En español es Diseño Web Adaptado. Significa que sin importar el dispositivo a través del cual un usuario acceda, sea un portátil, tableta o smartphone, el sitio web se adapta a la perfección, sin perder ninguna de sus características.

Retail
Venta al detalle. Venta al público.

Retargeting: Es una nueva técnica de publicidad que consiste en mostrar al usuario productos afines, una especie de filtro personalizado de productos y servicios en los que se está más receptivo recibir información.

Rich Media
Formato de publicidad online que incluye elementos dinámicos como vídeo bajo demanda, formatos interactivos, Flash, pop-ups y publicidad que cambia al pasar el cursor.

ROPO (Research online, purchase offline)
Compras realizadas en la tienda física pero que han sido investigadas y decididas en la tienda online y por tanto son consecuencia de esta estrategia y de las acciones de marketing online realizadas.

ROI (*Return of Investment*)
Retorno sobre la inversión.

S

Safety stock (*Almacenamiento de seguridad*)
Cantidad de producto almacenada que permite abastecer los pedidos realizados durante un período de tiempo.

Sales analysis (*Análisis de las ventas*)
Comparación de las ventas reales de una empresa con sus objetivos de ventas.

Sales campaign
Campaña de ventas.

Sales conversion rate (*Índice de conversión de ventas*)
Relación número de visitas de los vendedores con las ventas generadas.

Sales force automotion
Automatización de la fuerza de ventas con los sistemas integrados de información.

Sales force distribution
Organización de funciones de las redes o fuerzas de ventas.

Sales force effectiveness
Eficacia de las redes o fuerza de ventas.

Sales force sizing
Dimensionamiento de las redes o fuerza de ventas.

Sales impact (*Impacto de las ventas*)
Efecto que causan las ventas sobre el público al cual se dirige.

Sales incentives (*Incentivos por las ventas realizadas*)
Incentivos al vendedor por alcanzar un objetivo de ventas.

Sales kit (*Equipo del vendedor*)
Equipo del vendedor para sus ventas: ordenador, fichas, móvil,...

Sales lead (*Pista sobre una venta*)
Información o referencia útil para realizar una venta.

Sales literature (*Material promocional de ventas*)
Folletos, vídeos, información,... que referencian las características de los productos a los clientes.

Sales manual (*Manual de ventas*)
Guía que la empresa habitualmente entrega a sus vendedores como parte de la formación que éstos reciben.

Sales organization (*Organización de ventas*)
Estructura comercial integradas por todas las personas que intervienen directamente o indirectamente en las ventas.

Sales policy (*Normas de venta*)
Programa que el vendedor debe seguir sobre precios, descuentos, período de entrega, líneas de crédito,...

Sales portfolio (*Libro de ventas*)
Documento para los vendedores con toda la información necesaria sobre lista de precios, códigos de los distintos productos, condiciones de pago,...

Sales promotion
Promoción de ventas.

Sales records (*Registros de las ventas*) Archivo formado por los datos de ventas.

Sales report (*Informe de ventas*) Informe de las actividades del vendedor.

Sales representative.
Representante de ventas.

Sales research (*Investigación de ventas*)
Análisis de las actividades del departamento de ventas para cambiar o mejorar el desarrollo de su actividad.

Sales territory (Territorio de ventas)
Área geográfica de responsabilidad de un vendedor.

Sample
En investigación, muestra o grupo representativo de la población a investigar. Muestra de producto, normalmente gratuita.

Sampling
Prueba gratuita del producto, previa a la compra por parte del consumidor.

Saturación del mercado *(Market saturation)*
Cuando el mercado supera la penetración de un producto determinado.

Saturación publicitaria *(Advertising saturation)*
Grado de saturación que un medio y un soporte publicitario tienen, teniendo en cuenta la publicidad emitida y el espacio total disponible.

Scratch and sniff
En un anuncio o pieza promocional, espacio impregnado con un aroma o fragancia que se desprende al raspar encima.

Scratch off
Franja opaca impresa en un elemento promocional que, al ser raspada, revela un mensaje -como puede ser un premio.

Scroll
Movimiento en la pantalla, clickeando en el lateral de la ventana.

Scrum
Proceso en el que se aplican de manera regular un conjunto de buenas prácticas para trabajar colaborativamente, en equipo, y obtener el mejor resultado posible de un proyecto.

Estas prácticas se apoyan unas a otras y su selección tiene origen en un estudio de la manera de trabajar de equipos altamente productivos.

Seasonal commercial: Anuncio cuyo audio o vídeo están específicamente relacionados con una época del año - como las Navidades o el Día de los enamorados.

Segmentación *(Segmentation)*
División del mercado en grupos más pequeños que comparten ciertas características.

Segmento de mercado *(Market segmentation)*
Parte de un mercado definido por una serie de variables comunes, con clara y concreta diferenciación.

Selling idea
Frase, concepto o slogan de ventas.

SEM
Search Engine Marketing. Término que hace referencia a las técnicas de marketing (Pay per Clic) que se emplean para aparecer en los espacios patrocinados de los distintos buscadores. Suele utilizarse cuando el posicionamiento natural es deficiente o para contrarrestar ciertas campañas de la competencia. También se le llama marketing de buscadores.

SEO
Acrónimo de Search Engine Optimization. El SEO, también conocido como posicionamiento natural u orgánico, consiste en optimizar un sitio web con el fin de hacerlo más relevante para los motores de búsqueda.

Smarketing
Smarketing es una frase divertida para hacer referencia a la práctica de alinear los esfuerzos de Ventas y Marketing.

SMM
Acrónimo de Social Media Marketing (Marketing en Redes Sociales). Este tipo de estrategias combina los objetivos del marketing en Internet con plataformas como blogs, redes sociales, sitios de microblogging etc.

Semiología (*Semiology*)
Conjunto de conocimientos que tratan sobre el estudio de los signos, sus sistemas, sus sentidos y significaciones, dentro del marco social.

Service fee
Honorarios.

Sincromarketing
Trata de sincronizar mejor las oscilaciones de la demanda y la oferta.

Shadow ad
Anuncio que aparece como un sombreado por detrás de las noticias de un periódico.

Share
Participación, porción. Porcentaje del total del mercado. Audiencia.

Share of audience
Porcentaje de aparatos de radio o televisión en uso, u hogares viendo un programa específico.

Share of customer
Cuota de cliente.

Share of voice
Participación porcentual de una marca en relación con la inversión publicitaria total de la categoría.

Share of wallet
Cuota del monedero.

Shelf talker
Mensaje publicitario colgado en el borde de una estantería, en un punto próximo al producto.

Skateholder
Persona o grupo de personas que tienen interés en las actividades de la empresa. (empleados, clientes, proveedores, acreedores, accionistas...)

Skyscraper
Formato de publicidad digital en formato vertical. Según la estandarización de formatos de IAB, la medida estándar es 120 x 600 píxeles.

SLA (*Service Level Agreement*)
Compromiso de Nivel de Servicio.

Sleeper products
Productos sin importancia que continúan en la gama por seguir aportando algunos ingresos adicionales.

SMART
Esta regla se aplica al establecer objetivos: deben ser específicos (*"specific"*), medibles (*"measurable"*), consensuados (*"accorded"*), realistas (*"realistic"*) y concordes a

un plazo de tiempo ("*time-related*").

SMO
Acrónimo de Social Media Optimization. Conjunto de técnicas que se fundamentan en la mejora de los contenidos y que se destinan a optimizar el retorno de acciones en el Social Media.

Snowball technique
Técnica para agrupar ideas según van apareciendo en reuniones creativas, que requiere que los miembros de un equipo las clasifique para examinarlas.

SOV
Porcentaje en millones de la inversión en publicidad de una marca respecto al total de inversión del mercado.

Space schedule
Plan de medios.

Startup
Empresas que buscan emprender o montar un nuevo negocio, y aluden a ideas de negocios que están en construcción, y generalmente se trata de ideas emergentes apoyadas en la tecnología.

Stakeholder
Término que agrupa a trabajadores, organizaciones, proveedores, clientes, accionistas y, en general, a todos los actores clave que se ven afectados por las decisiones de una empresa.

Stock
Cantidad total de productos en el establecimiento (almacenado + expuesto).

Stopper
Cualquier display o cartel cuyo objetivo es disminuir o frenar el flujo de los clientes.

Strategy development
Ejecución o desarrollo de la estrategia de marketing.

Stray customer
Cliente de paso, cliente ocasional.

Streaming
Audio o vídeo comprimido que se baja y reproduce a la vez. El usuario no tiene que esperar a que el archivo se descargue por completo para poder reproducirlo.

Survey
Estudio, encuesta, investigación.

T

Táctica (*Tactics*)
Serie de pasos o movimientos tendentes a conseguir algo.

Tangibilidad
Característica que posee un producto de ser percibido por los sentidos (se puede ver, tocar,...)

Target
Grupo de consumidores potenciales de un producto o servicio.

Target costing
Método para determinar el coste de un producto o servicio basado en el precio (*target price*) que el mercado está dispuesto a aceptar.

Target marketing
Segmentación del mercado en públicos distintos a los que dirigir los esfuerzos de marketing.

Targeted marketing
Uso de medios para enfocar mensajes de comunicación a diferentes segmentos del mercado.

Targeting
Determinación de los clientes objetivo para un producto, marca, servicio o empresa.

Tasa de Rebote.
Porcentaje de visitas a un sitio respecto del total de las mismas, que sólo han accedido a una de las páginas, generalmente la de inicio o home. Así, una tasa de rebote del 20% significa que 20 de cada 100 visitantes sólo visualizó una de las páginas de la web.

Teaser campaign
Campaña de publicidad basada en la intriga y diseñada en varias fases con la intención de captar la atención del público y cautivarle para que siga su desarrollo hasta la presentación real del producto.

Telemarketing
Uso planificado y sistemático del teléfono como parte de una estrategia global de marketing.

Teoría de las expectativas
Teoría que sugiere que el comportamiento humano está determinado fundamentalmente por las expectativas de alcanzar resultados agradables o incentivos positivos.

Test
Conjunto de pruebas y de técnicas que se aplican a un grupo de personas dentro de una investigación para conocer datos concretos.

Test de mercado (*Market test*)
Prueba que se realiza en una zona escogida del territorio, representativa, para conocer las ventajas y los riesgos del lanzamiento definitivo de un producto al mercado.

Test de producto (*Product test*)
Prueba de producto por parte de los consumidores que permite determinar sus principales atributos.

Think tank
Tanque de ideas, reunión de un grupo de expertos para reflexionar sobre una determinada cuestión.

Tienda gancho
Tienda minorista grande y con buena reputación, la cual ocupa el mayor porcentaje de espacio dentro de un centro comercial.

Timeline.
Secuencia visual de eventos por orden cronológico empleada en distintas redes sociales como Twitter o Facebook.

Top of mind
En investigación, primera marca o anuncio que le viene a la mente a un encuestado, al llevar a cabo un estudio de usos y actitudes de una determinada categoría.

Top-selling
Producto que se vende mejor que todos los demás.

Tracking
Sistemas de información que efectúan un seguimiento de la eficacia de una campaña publicitaria.

Trade advertising
Publicidad especializada; publicidad que aparece en publicaciones profesionales y que, por lo tanto, no suele estar enfocada hacia el consumidor.

Trade concentration
Concentración de negocios.

Trade character
Personajes, dibujos, objetos y demás elementos utilizados para anunciar una marca y que acaban siendo totalmente asociados con la misma.

Trade deal
Acuerdo de negocio. Negociación.

Traffic system
En una agencia de publicidad, sistema para la coordinación y vigilancia del proceso de elaboración de los trabajos internos, siguiendo todos sus pasos y asegurando que se cumplen las fechas.

Trending Topic (TT)
Los TT son las palabras clave, o hashtags, más empleadas en Twitter durante un espacio de tiempo concreto. Indican los temas de moda y de los que más se habla en esta red social.

Troll
Acepción que identifica a personas que alteran el orden y la participación en la Red, sembrando la discordia o de forma inapropiada.

Trolley ad
Anuncio en el carrito de los supermercados.

U

Umbrella brand
El mismo nombre de marca engloba diferentes productos o marcas.

Universe (*Universo*)
Número total de individuos que forman un grupo o un colectivo homogéneo, que presenta unas características diferenciadas y concretas.

Unplanned cannibalisation
Pérdida inesperada de ventas de un producto frente a otro introducido recientemente dentro de la misma línea.

Unsought good
Categoría de producto de la que el comprador no tiene conocimiento o preferiría no pensar en su compra -ejemplos típicos son terrenos en cementerios, enciclopedias y seguros de vida.

Up-market
Segmento de mercado en el que los precios altos dominan los hábitos de compra.

Up-selling
Ofrecer a los clientes actuales nuevos productos y servicios de la compañía, en función del conocimiento exhaustivo de sus necesidades.

Upwardly mobile
Descripción de un segmento de la población que intenta subir en la escala socioeconómica.

Usabilidad. Es la experiencia de navegación de los usuarios en un sitio web y tiene que ver con la sencillez de la misma. Los expertos opinan que una web debe captar la atención de los visitantes en tan solo 8 segundos. De lo contrario, se irán a buscar la información a otros lugares.

Usage pull
Capacidad que tiene la publicidad para persuadir a las personas a adquirir un producto anunciado.

Utilidad (*Utility*)
Capacidad de los bienes y servicios para satisfacer las necesidades de los consumidores.

V

Valor agregado
Valor que el fabricante agrega a los materiales que prepara como productos para el consumo del mercado.

Valor del cliente
Facturación que genera a la empresa, recorrido y probabilidad de adquirir nuevos servicios/productos por parte de un cliente.

VALS (*Value Attitudes and Life Styles*)
Técnicas de psicología para analizar y predecir los gustos y preferencias de los consumidores.

Value added theory
Teoría que expresa que la publicidad aumenta las expectativas de los consumidores hacia los productos o servicios, agregando valor en ellos.

VAN (*Value-added network*)
Red de valor añadido. Conjunto de relaciones entre proveedores, clientes, empleados que van configurando y añadiendo valor a los productos y servicios.

VAR (*Value Added Reseller*)
Empresa que vende Bases de conocimiento acumuladas en otras empresas. Se aplica a empresas que venden "soluciones" hechas por ellas compuestas de diversos proveedores.

Vending
Venta de productos a través de máquinas automáticas, utilizando los diversos sistemas de pago: inserción de monedas, teléfono móvil, tarjeta-monedero,...

Ventaja competitiva
Característica única de una empresa o producto que le permite ser superior a la competencia.

Venta con regalo (*Sale with premium/Sweepstakes*)
Acción comercial de venta en la que el comprador recibe un regalo como una forma de promoción del producto adquirido. Técnica utilizada principalmente con productos de consumo.

Venta cruzada (*Cross selling*)
Oferta simultánea de dos o más productos, generalmente complementarios, en un "paquete" a un precio global inferior a la suma de los precios de cada uno de los productos por separado.

Venta por correspondencia (*Mail-order sale*)
Forma de venta directa de productos utilizando envíos de folletos o catálogos por correo.

Ventaja competitiva
Situación o circunstancia que da preferencia competitiva a un país o a una Empresa en una actividad económica concreta.

Venture capitalist
Capitalista de riesgo.

Visión estratégica
Describe cómo la Empresa va a competir, qué productos intenta vender y a qué coste. Además, significa el poder convencer a todos los "skateholders" de empresa a colaborar en la construcción del futuro.

W

Warehouse club
Tienda de precios bajos al consumidor final si es miembro de dicha entidad.

Warehouse store
Tienda o comercio de gran tamaño que ofrece precios reducidos y elimina ciertos servicios convencionales

Warketing
Marketing de Combate en base a la comparación del mercado con el campo de combate.

Wearout effect
Pérdida de efectividad en el recuerdo del mensaje de un anuncio al aumentar el nivel de exposición, por el mantenimiento constante del anuncio en el medio o soporte.

Webmaster
Término inglés que define al responsable de un blog o web. Entre sus funciones: cerciorarse del correcto funcionamiento

del hardware y software, diseñar el sitio, crear el contenido, responder preguntas y comentarios, programar la web o supervisar el tráfico.

Web 3.0.
Término que se asocia con la web semántica, es decir, aquella que utiliza un lenguaje más natural en la red. El concepto fue acuñado en 2001 por Tim Berners-Lee, quien describió un entorno digital idílico, en el que los ordenadores podían interpretar sitios web de igual forma que los humanos.

White brand
Producto genérico que se vende con el nombre del distribuidor.

Wholesaler
Empresa intermediaria entre un fabricante y un vendedor.

Workflow
Flujo de trabajo a seguir para la consecución de una tarea o trabajo predeterminado. El workflow general de una empresa presenta las actividades a realizarse así como los tiempos y organización de las mismas.

Wrapping-around
Modalidad que consiste en arropar el producto o servicio final con atributos externos satisfactorios para el cliente. Accesorios, financiación, etc

Y

Yellow Goods
Bienes amarillos. Productos que no son consumidos y son repuestos por varios años. Productos no perecederos que son usados por los consumidores durante largos períodos de tiempo.

You approach
Grupo de población treintañero cuyo estilo de vida es ascensional, constituyendo un buen grupo objetivo para productos de moda/lujo.

Z

Zona de acuerdo (*Zone of Agreement*)
Situación en la que las partes que intervienen en una negociación obtienen beneficios.

Zona de precio
Práctica de determinar el precio de un producto basándose en el área geográfica.

Zone plan
Plan de publicidad y marketing introduciendo un producto o servicio experimentalmente en una zona geográfica limitada.

Zoned advertising
Publicidad limitada a un área geográfica determinada, utilizando medios regionales.

www.ingramcontent.com/pod-product-compliance
Lightning Source LLC
Chambersburg PA
CBHW030034230526
45472CB00002B/503